달을 보는 섬

달을 보는 섬

불광출판부

하늘에 고루 깔려 있는,
엷은 흰구름을 투과하여
은은히 내비치는 부드러운
햇살과 같이 수행자라는 그늘,
나 자신과의 싸움에서 팽팽하게
맞선 것이 있다면
그것은 붓끝에서 흐르는
노래들이었다.

책머리에

하늘에 고루 깔려있는, 엷은 흰구름을 투과하여 은은히 내비치는 부드러운 햇빛과 같이 수행자라는 그늘, 나 자신과의 싸움에서 팽팽하게 맞선 것이 있다면 그것은 붓끝에서 흐르는 노래들이었다.

늘 나의 노래는 너무 연약하고 초췌하다고 느끼면서도 끝내 붓을 놓지 못한 이야기들을 두번째 시집 『달을 보는 섬』으로 내놓게 되었다.

이 시집을 내놓기까지 나는 전에 없이 많은 번민과 혼돈 속에서 참으로 힘들게 보냈다. 그 힘듦은 나 스스로 만들어 놓은 함정들이었다. 나는 그 함정 속에 묻혀 강하게 질책을 하면서도 때론 타성에 젖은 자신을 스스로 그 함정 속에 내던져 보기도 했다. 그때마다 광기처럼 번쩍이는 영감의 자아들이 쏜살같이 달려와 나를 일깨워 갔다.

바로 말(言)의 절간(寺)인 시(詩)라는 노래들이다.

　사십이 넘어야 시다운 시의 노래가 나오는 것이 아닐까 하는 무심코 던져버린 충고의 아야기가 그리워지는 나이인데도 나의 노래들은 아직도 여리고 여물지 못한 부끄러움 투성이다.

　이 부끄러움 투성인 노래들을 모아 다듬고 책으로 모양을 다해주신 불광출판부 직원 모두에게 먼저 감사를 드리며 이 시집의 길을 열어주신 출판국장 지안 선배님, 불교방송국의 안길모 님, 시 이야기를 해주신 원로시인 정공채 선생님, 나의 생활 뒤편에서 자질구레한 일들을 묵묵히 해주며 시를 읽던 정희 님께 감사드리며 세원사 불사에 큰 힘이 되어준 내 이웃들과 함께 하고 싶다.

1994년 정월

만세 보령 기슭에서

정운 손모음

차례

달을 보는 섬
―간월도

두 날개에 덮인
한 마리 학
달 보고
한 생각

무지개 사이
우뚝 솟아버린
섬
소리
바다
달

일어난
바다 곁에
피어오르는
한 송이 연꽃

바다에 나아가

바람소리마저 반가울 때
맨발로
달려 가고픈 바다

찻잔에 부어내리는
하늘의 찻물처럼
푸르름으로
가득
비어있는 바다

텅빈
가슴을 잡고
바다에 와서
갈매기
한 마리 따라
간절히도
맑은 바닷가의 나라로 떠난다

달롱재 1

어떤
시인이 살고 있는
달롱재에서 보는
달은
여의주를
품 안 가득 품고
구름을 유희하며
어려운
고삐를
서로 서로 확인한다

오열을 금치 못한
내
어리석음은
또
어리석음으로
뭉쳐져
이내
가져오지 못한
열병으로

저밀어 온다

혼자라는
자유로움이
몹시도 부끄럽게
느껴진
내 눈을 바라다 보고는
사슴 눈 닮았다고 하는
달롱재 시인

바라다 볼 수도 없는
먼 곳에
앉아서
하늘에
두둥실 떠 있는
달만을 보며
못내 그리워 하는
달롱재의 밤

달롱재 2

가슴속을 지나는
외로움만
덜어 내어주고
그리고
쌓이는 것을
어느날
문득
찾아가서
보고 싶다는
한마디에
모두가
녹아 내린다

밤이
길어서
두고 가야 할
말들이
많을 줄 알았는데
그냥 돌아갈 수밖에
없었던 것은

산자락에
누워버린
달빛 때문이었다

내가
나를
두려워 하지 않으려고
정월 보름달을
하늘 높이에서 보았다

달은
빛으로
쏟아져
그 무엇들을
가득 담아 보려고 하지만
끝내
손등에
떨어지는
눈물을 노래하는
그리운 생각들이었다

돌아 앉아서
기억의
돛대에
출렁이는

빛
가득한
달을
가슴 한가운데
그려 넣었다

밤 깊은
골짜기에서

검생이 시인 출판기념

초복인데
쪽빛
하늘
뭉클
그립게 하는
투명한 날

큰 산자락
다 두고
서울 외진
출판사 구석자리에서
인생을 노래하는
검생이처럼
생긴
검생이 출생

언어의 절간
가운데
골조를 세우는
뼈대있는 작업

두고 두고
앓았을 진통의 늪에서
어쩜
그리도 투명한
노래들이
너울 너울
춤출까

부끄러움 없이
흐르는
그 열림의 세계로
귀
갖다 대면
검생이는
끝없는
미궁속으로
빠지고
또
빠져든다

언제 끝날지도 모르는
맥박 하나만 가지고

여름날에

틈성틈성한
문발 사이
연초록 잔디는
더 없는 피곤으로 곤두서고
여름 사는
하루살이는
눈 앞 어지럽힌다

잘 익은 수박
자두 복숭아
대바구니에 담아
오는 길손
가는 길손
마음대로 먹도록 두고

나는
돌아 앉아
빈 하늘
날으는
나비 한 마리 본다

논두렁길

아주 희게
쏟아져 내는
햇살의 시간 위로
물만 먹고 사는
벼포기들.

세상을 등지지 않겠다는
그 원 하나로
버티며 만족해 하는
몸부림

봄 여름
가을 겨울
이랑 이랑에
물만 가득하면
더는
욕심내지 않고
바라지도 않는
논배미에서
벌어지는

짙은 열정
마을에서 마을로
쏜살같이 달려온다

상량일에

불기 이천오백삼십칠년
사월 하고도 열엿새날

빈 마음으로
지혜땅 다지고
주춧돌 놓고
기둥 세우고
대들보를 얹는 일은
사람사는 일 중 하나라 한다

주는 자가 줌이 없고
받는 자가 받음이 없는
겸허한 공양이란 아름

모여진
실천의 덕
모양새를 다해
열려진 눈으로 나와
너울 너울 앉음새를 갖는다

간절한
발원의 샘은
안온한 기쁨
세상의 원을
다 들어주는
등불이 되어라

열차

곁에 있어도
허기진
마음의 양식에
도움이 되지 않는
아우성
터널 밖을
가로지르며
고개 고개를
넘나든다

바라다 볼 수 없는 곳에
이르러
잔을
삼키고
또 삼키는
노을은
풀풀 날리어 구름이 된다

그리운 죄
어디에서

참회하려고
자꾸만 멀리 멀리로만
달려간다

참회하려고
자꾸만 멀리 멀리로만
달려간다

명절

가야할 곳도
와야할 곳도
맞이할 사람도
보낼 사람도
교통체증도 없는
내가 서 있는 이 자리

새벽길

사슴집을 지나
넓다란 들판 위로
어둠이 서서히
몰려 갈 때면
저만치
어둠을 움직이면서
뜀박질하는
아이는
오늘을 시작하고
오늘을 산다

교통사고

순간
머리 스쳐와 닿는 것
그저
두손 모아
관세음

어떤 의미를
부여하지 않아도
생활 뒷편에서
자리한 것들
아직
마감하기엔 이른 세상

살아있음에
보이는
끈끈한
인연들 위해
한 마음으로
갈 수 있는 곳
당신이 계시는
편안한 곳

해무리

남포 방파제를
따라
그 비탈진
산 내림길
비쳐 오르는
보령팔경 중
하나
무창포 노을

이른
여름 해변가에
한가로운
강태공의 낚시

풍랑과
풍석 사이
슬그머니
숨어 들어가는
해무리

회상

변덕부리며
다가가는
날 수 없는
여울
잠시
외로운 내 허리에
반쯤 채운 채
떠나는
체념한 만남

업의 껍질

고문을 하고
인권을 짓밟고
외화를 벌기 위해
육신을
성적 쾌락의
늪으로 제공하는
매춘관광

보험금을 타기 위해
아내가 남편을 죽이고
용돈을 주지 않는다고
아들이 아버지 죽이고
기분 나쁘다고
무참하게 서민을
살해하는 경찰관

가슴 속에
많은 종류의
억압된 욕망을 가지고 있는 우리

두려움 때문에
탐욕 때문에
아니
자신의 평화 때문에
자신을 잠재우고 있는
업의 껍질

기도의 무게

축원카드 분량만큼
쌓이는 기도의 무게
목탁을 두드릴 때마다
깊어지는 소원

남을 위해서라는
핑계 위에
나를 위해
몸서리치게
타협해가는
감정보다 앞선 이성

잡다한 생각
여과시키는
기도의 시간
모든 행위를 풀어내는 출구

남포리

물놀이도 없는
겨울 남천강은
세월을 잊은 듯
어렵사리 의지하는
만나서 반가운 인연

내 할배 할매가
잠들고 있는
그리움의 늪에서
헤어나지 못하고
넋을 잃고 선 산과 들

생생히 살아서
돌아오는
어린 투정들이
먼지 없는 신작로에 서네

나의 뜨락
—잔디를 기르면서

파 헤친
흙더미를
잠 재우기 위해
골골이
줄을 치며
잔디를 심고

나는
그 위로
항하사 모래를 뿌린다
이른 봄날
그것도 비가 오는 날
복합비료
휘휘 뿌려주고
한 눈 돌리고 나면

클로버 뿌리
극성을 떠는 바람에
그것과

내내 신음하면서
보내는
내 정다운 기쁨

하루종일 몸을 앓던 날

아무도 없었습니다
나는
내 껍질과 열심히 싸웠습니다

보이는 것도 없었습니다
죽음과 삶의 실체가

낮은 자리에 누워
들리는 것은
시계소리뿐이었습니다

겨울 그 어느날 해인사 가는 길
—도일스님 49재에 부치며

대천에서
금강하구 뚝을 지나
지리산 언저리를 한참 돌아가니
굽이굽이 보이는
홍류동 골깊은 계곡

그 계곡
거슬러 올라가니
가야봉 우뚝 솟은
심장
팔만대장경
눈꽃이
높은 데서
가까이로 달려온다

가야할 사람은
가고 없는데
낯선 언어들은
모여

허공 속에
손을 휘젓는
허망의 껍질을 벗기고 있다

여린 풀잎을
잠깨우는 칼바람은
골짜기 마다마다 자욱한데
구름에 갇힌 빛살은
산길 아래 보석으로 뒹구네

성도일에

편안하게 살기 위해서
집이란 것 지어 보았습니다
자동차를 샀습니다
이것을 유지하기 위해
밤낮없이 뛰었습니다
또
스트레스를 풀기 위해
오욕락도 마음껏 즐겨 보았습니다
그러나
어느 것 하나도 잠깐이었습니다
나를 채워줄 수 있는 것은
아무 것도 없었습니다
가지면 가질수록 허탈감뿐이었습니다
소유하지 않는다는 것
집착하지 않으므로
업을 쌓지 않고
내가 가지지 않으므로
남에게 돌아가고
조건 지워진 것이 아니기에
그 기쁨이 흩어지지 않는

영원한 사랑이란 걸
이제 알 것 같습니다
일생을 걸식하며 길에서 살아가신
당신의 가르침이 무엇인지를

영원한 사랑이란 걸
이제 알 것 같습니다
일생을 걸식하며 길에서 살아가신
당신의 가르침이 무엇인지를

서른 아홉 해 아침에 보는 자화상

해가 바뀌는
겨울날
열린 하늘에서
쏟아져 내리는
골깊은 기침소리

서른 아홉 해 아침에
나는
나를 내놓자 못한 채
가서는
돌아오지 않는
무수한 시간을 부르고 있다

서른 아홉 해 아침에
볼을 비벼도
활활 사루지 못한
어제의 기억은
인습의 그물에 걸린
기다림

서름 아홉 해 아침에
안아 일으켜도
돌아서는
살아온 높이만큼
가슴을 뛰게하는 세월이여

김장

겨울잠을
재우는
동반자

코스모스

모질지 못해
가을에만
묻혔다
되돌아 가는 신성함

노을
듣던 내 귓전에
아름 아름
빈자리 없이 채워주던
수줍게 자란 네 모습

가을에
마음대로 숨쉬다가
되묻어가는 가을바람 한쪽

어떤 놀이

잠시
내가 나를 견디지 못한
고통 때문에
이제 이러한 것들이
내 것이 아니야 하면서
다시 일어나는 물음표

못물 터지는 듯
터져나오는
사랑이란 텃줄에
혀가 겹쳐
느는 괴롬

마음 이야기 못하고
묻히는 날까지
마음 속에 살아 있어야 할 모습

곰나루터에서

서걱대는 갈잎바람
가르는 요란한 물
그것조차 거슬러 올라가는
백마강 곰나루터
세 사나이 웃음소리
곰나루터의 전설을 잠시 잊게 한다

사십에 가까운 사나이는
인생을 곡마단이라 했고
오십에 가까운 사나이는
인생을 황혼 들판에
우뚝 서 있는 허수아비라 했으며
푸른 산문
머리카락 보일까
꼭꼭 숨어사는 사나이는
텅 비고 꽉찬 공간을
벗어난 것이 인생이라 했다

곰나루터에서
도도히 흐르는

강물보다 더 맑은
호계삼소가
넓은 하늘을 오른다

너는

너는
내
전생의 화신이었을까
아니면
전 전 전생 인연이었을까

너는
내 몸가짐 가운데
싱싱한 언어의 타래
새벽풀에 맺힌
기다림의 환상

너는
여름날 한적한 산소
꿈길에서도
반가워 달려오는 기쁨
너는
내 유년을 걷게 한다

창간 2주년을 축하하며
―대보신문

· 대보여

너 안에서
대천이 동터 있고
너 안에서
보령이 걷고 있다

거침없는 소리로
우리의 이름을 찾는
너를 바라보매
너는
매일의 삶 속에서
탐욕과 무관심과
이기심에서 벗어나
열매를 위한 꽃처럼
아낌없이 눈을 돌리는 너의 노래

거듭 태어나는
유월의 바람은

오늘이 마지막인 듯
늘
깨어 있는 의식과
죽어가는 생명도 일으킬 수 있는
힘이
서해의 검푸른 바다로
너는 달려 오는구나

청첩장

오월
짙푸른 살이
이길 수 없는
욕망에 물들다가
낡은 장삼자락 밑으로
날아온
불연이 다한 종이 한 장

불문에 들어와
익힌 것이라고는 불경뿐
그 불경
머리에 이고 떠나는 이방인

서로
부부의 의를 맺어
부족함을 사랑으로 메우는
의롭게 슬기롭게 살고저 하는
건강한 두 마리 영혼

따뜻한 사랑의 햇볕에

목숨이 바뀌어도
뜻하는 길 가고자 하는
진정한 보살인이여

비온 뒤 그 6월의 아침

피어 오르는
절정의 무게를 다는 뜻
계절의 손길로
만발한 과수원

서가에 쌓인 책
잠시 눈 덮어두고
읽어가는
사는 사람의 모습

품으면
더럽혀진 허물을
편안히 받아들이며
좋은 얼굴로
습관을 무력하게 만드는
아침에 서는
한그루 나무

6월 아침
뿌리 적신

크고 작은 향기로움
부신 햇살이
폭포처럼
내려 앉는다

떠난자리
─혜원스님께

천리 밖에서
달려 온
님은
이 밤사
떠나고 없는데

밤은 깊어
서로 마주한 자리
정다운 말은
살아 방안 가득하고

반쯤 남기고 간
찻잔 속으로
보름달은
여물어 핀다

전화가 없는 날

가야금 줄에서
튕겨 나오는
소리의 힘

하늘로 솟구치며
몸부림 칠 때
진하게 달인
내 그릇의 용량에
넘쳐 흐르는
다색 불빛

간밤에
메아리치게
나를 부르더니
다시는 돌아올 줄 모르는
뜨거운 가슴

투명한 마음의 허리
회의가
문득문득 고개 들 때

찾아 왔으면 하는
만나서 반가운 목소리

깊은 시간
숨돌릴 수 있는 곳
바라다 보이는
내 자화상
세월끝에서
맑은 가슴을 튕긴다

시인과 묵객
—인영선 님께

신미년 설날 아침
가슴으로 사는 사람들
시집
세상에 내 놓으니

높은 산
맑은 구름이라

흠뻑 젖은 사향의 주머니로
방안 가득
화답을 보내온
먹에 취해 사는
향기 맑은
붓 한 자루 한 획이여

신묘한 충전의 불길이 아니어도
시를 쓰고
먹을 갈고
붓을 잡아

흰 종이를 메워감은
부끄럽지 않는 이름이 있기 때문이어라

마음

너의 이름은 무엇인지
너의 모양이 어떠한지
너는
어디서부터 생겨 나왔기에
나를 보는 눈이
미치지 못한 곳으로
유혹의 손을 내미는가

90년 12월 26일의 해후

평범한 이야기로
같은 흐름을 가지고 싶어
함께 떠나는
분주한 일이 끝난 거리

한 잔의
고운 소리로
잠들지 못한
드넓은 파도
멈추어선 잠깐의 시간

더 없는
일상의 밤은
나를 속이지 못하는
용기로 하여금
어둠 속을 줄달음치게 한다
외로운 도시 속으로

숨지는 날까지
떠날 수 없는 얼굴

말은 더 깊어질 것이며
뜻은 더 간추려져서
다칠 수 없는 마음

진지하게 부탁해오는
기도로 가득한 만남
종종 걸음으로 왔다가
종종 걸음으로 간다
저문 날에

출가일에 띄우는 편지

모두를 까맣게 잊고
살다가도
그리움과 사랑으로 세어보는
인연의 햇수

맏딸은 살림밑천이라는
옛속담
떠나보낸
한스러운 가슴을 풀지 못해
지금도
그리 잠못 이루신다는 내 어머니

삭발염의한 모습앞에
자식이 부모에게
효도하는 길은
대를 이어주는 것이라고

이후
길 가시다가
회색빛 옷자락만 보아도

생각 생각이 겹쳐
목젖이 뜨거워지신다는 말씀

오늘
바릇대 위에
뭉클 저미어 오르는
미역국 향기

낳아 길러 주심에
새롭게 피어오르는
한 알의 염주

색욕

독사보다
더
독하고
매서운 것이
색욕이라 했는데
남자와 여자는
그
그물에 걸리고
장님이 되어서
자꾸만
요구하고
강요당하는
연습을 한다

공양

주되 주었다는 생각이 없고
받았되 받았다는 생각이 없고
아끼거나 탐착하는 마음없이
청정함을 이루는
아름다움이
무심히 피어난 비워진 마음

우리는

보고싶어 하면서도
서로
절제하며
자기 자리
지켜가는 우리

와락
외로움이
몸져 누울 때
달려가
눈빛만 봐도
큰 위안이 되는
우리

언제
어디서나
잿빛옷이
아조
잘 어울리는
우리

함께 하면서도
무소의 뿔처럼
홀로 가는 우리

우리는
제각기
이 자리에서
절대적인 존재

범어사

동백꽃 무성히도
피던 날

범어사 오르는
높다란 길은
다시
피어날
윤회의 꽃

산 돌아 돌아서
내려오는
인연
두손으로
겨울을 재우는
동백꽃

개심사

봄날
마을 어귀에
핀 벚꽃이 다 지면
그때사
겹벚꽃이
하늘 가득
풀풀 날리며
꽃길을 이루는
개심사

푸른 저수지를
한참
돌아 올라가면
천년도 더 남짓 되었을
백일홍 나무
알몸으로
별보다 더
총총히 꽃을 피워
연못을 넘나드는
개심사

산등성
복원한 선원에서는
눈푸른 납자들의
죽비소리
연이어 들리는데

첩첩산중
발걸음 끊어지고
백팔 염두 돌리는
기도승
먹물옷 한 벌에도
무서워 하는 어깨

대흥사

묵고 묵은
노목들이
저마다
제 자태에
자신만만해 하는
십리 숲길

13대 종사
13대 강사
납골이 모셔진
부도탑
잠시 걸음
멈춘
동백숲

서산의
금란가사
발우가
잠들고

초의의
예술혼이
산자락을
덮는
대흥사

운주사

전남 화순군 도암면 용강리
그
골짜기
산등성
우뚝 우뚝
솟아있는
탑 탑 탑

바위
절벽 아래
경이로운
세계로
가슴 설레이게 하는
민족적 감성

누운
돌부처
코
떼어
갊아먹은

간절한 마음
전설로만 남아
보이지 않는
길을 찾아
나서는 미륵님

백의 관음상 모시던 날

세상의 원을
다
들어준다는
절에서
백의관음상을
모시던 날

오늘을
다
덮는
하이얀
눈꽃이
11cm나 쌓였는데도
관음보살은
눈길을 마다하지 않고
사뿐히 오셨다

한 얼굴
한 마음
한 모습

참으로 숭고한 힘
모실 수 있는
이 고마운 세월

때묻은
가슴을
확
씻어주는 듯
관음상앞에
눈꽃은
더
홀홀히 피어난다

해변제

서해
그
바람
물결치고
외치며
다가오는
문화
그리고
춤추는 사랑

부서지고
부서치는
파도소리
그
열림을 얻게하는 해변제

나와 너
어우러진
한마당 잔치
노래와 춤

멋이
해안선을 따라
넘실거리는 한내인의 축제

파도

바다꽃 향기
희뿌연
달빛
가파르게 비추는
물푸른 소리
끝없는 입맞춤

여름

절제된 외로움
감싸지 못하고
품안을
벗어 사는
자기 실현

춘설

잔잔히
숨쉬는 일
부딪쳐
휘날리는 눈발
파르르 떠는
그
벅차오르는
내음

지리산으로 미리 가본 봄

산을
움직이게 하는
물
쉼없이 노고단을 오른다

때로는 하늘이 그립고
때로는 땅이 그립고
때로는 사람이 그리운
숨쉬는 살아가는 그것

경칩이 지난
눈 덮인
하늘 아래 첫동네

시,샘의 바람은
언제쯤 산천을
불태울고?

매물도

남해
맨끝자리에서
물을 바라보는
섬은
절벽 너머
깊숙이 바다에
들어가
흔들림이 없다

태어나고
다시
죽어가는
한걸음씩
부딪치는 파도는
겨울 갈매기 되어
파도를 타고
뭍으로 뭍으로 오른다

제주에서 하루의 위안

폭발해버린
화산의
귀신이 될까봐
하루와 같이
지나는 기억은
제주에서는
잊어버려야 한다
비워버려야 한다

외줄기 생명을
부지하기 위해
낯설은 땅에서
부르는
체온의 영감은
그늘진 한 구석을
메울려고 했지만

이러한 날
난
내 자리를 거두고

다시
돌아가야할 나였다

사람들은 추억을
만들어 가지고
바다를 건너 가지만
나는
그 추억조차
바다에 던져 버리고
바다를 건너간다

말할 수 없는
소리 없는 자리를
까맣게 잊고

12월 그 찬바람 앞에

모든 것이 꿈틀거리며
되살아 나는 듯
짙은
목소리로
내게로 와
힘이 되고저 하지만

오고 감에
강한
집착의 끄나풀이
거품이 되는 듯
내내
마지막이라고 되뇌인다

새롭게
거듭 거듭
피어나고 싶을 때
초조해 하고
분주해 하고
후회하고

절망하는 무리속에
12월은
작은 생명들의
커다란 고통이 아니어도 좋다

모짜르트 음악이
혀끝으로
감미로울 때
우뚝 선
나목처럼
느낌 그대로
벗어버린다

겨울꽃

1.
밤 늦도록
글자놀이에 빠진
시린 몸은
마음끝에 침을 바르며
거듭 거듭 입맞춤으로
되뇌인다

2.
삭풍의 흔들림은
깊은 아궁으로
밀어 붙이고
또 한 번
강한 불을 당기는
나목
안으로 삭히기엔
그
엄청난 고뇌의 숲

3.
빛처럼 고운 가슴에
나를 벗어도
밤은
그저 많은 성을 쌓기에
텅 비어 있다

4.
있는 그대로 봐주기엔
창호지를 비집고
들어오는 매서움
서로 나누어 가지기 위한
몸짓

첫눈

하늘에서
땅끝까지
몇 줄기
눈발 같은 사랑이
소리되어
젖은
가슴을
휘어 휘어
저어온다

동짓날

어둠의 세력이 가장 큰 날
팥죽을 쑤어서
내부의 악귀
외부의 악귀를
물리치기 위해
집안 곳곳에
팥죽을 뿌리는
우리네 할머니

간이역

앉은 자리에서
저만치
보이는
두 개의 평행선
달리는 기차는
깨침의 빛을
연거푸 뿜어낸다

역무원도
승합실도 없는
주교 간이역

무디어진 정이라도
두고 가라고
속 편한 사람들은
서성이지만

기차는
하늘의 바람소리조차
가쁘게

뽑아올리며 달린다

행위

차가운
돌위에
한없이
무릎 꿇어도
높이 보이는
참회의 문

그래
그것 너 업이야
너
업이니까
당연히 받아야지

업이란 말에
나를 던져야 하는
내 의식
숨 죽이며
짓고 쌓는다
매일 매일을

아직 끝나지 않는 인연

날더러
사랑의 노예가
되어라고
몸져 누운
약속들은
나를
위협하고
재촉한다

날더러
미움의 노예가
되어라고
마음 한 자리
읽지 못하는
어두운 사슬
나를
원망하고
미워한다

날더러

하늘로 올라가라고
땅속으로 들어가라고
울음 같은 소리로
미친듯이
퍼부어 내린다

질겨라
두려워라
그 인연

넋두리

하나의 선택에
많은 것을 잃은
하루가
일기로 마무리 지을 때
허물어져 가는
내면의 외로움은 어떠하랴

이 사람
저 사람
말씀들을
눈으로
확인하는 여유도
혼자일 때는
번거로운 말씀

시의 뿌리가
위로가 된다고
원고뭉치 앞에
쏟는
많은 날의 노래들은

노래일 뿐
아무 것도 아니다

허황한 이 자리
체워지지 않은 이 자리
끝이 보이지 않는 이 자리
이 자리를
굳게 믿고 가는
바람 같은
육체는
수없이 쓰러지고 일어선다
시 속으로

버스 안에서

칠흑 같은 밤
밝힌
두 개의 라이트 불빛
얼비치는
눈발은
흔들리며
유행가사를 싣고
서해안
어느 촌락으로
들떠서 달린다

아내의 자리
엄마의 자리
남편의 자리
어디메 두고
노세 노세
젊어서 노세
늙어지면
못 노나니

떠돌이
인생도 아닌데
늙기를
두려워 하는
시간의 얼굴

놀이문화가
없어도
잠재된
신바람은
가락에
맞추어
어깨가 들쑥 날쑥
본래의 모습이
이 안에서
흔들며 가는데
그 속에
잠자는 가식은
가식이었다

불혹

발 뒤꿈치가
척척
갈라진다
벌써 이렇게 되나
헛소리가 아니다
헛기침이 아니다

잔잔하게
눈가에
파문을 이는
세월을
한 길로만
달려온
세상이건만

흠도
티도
없이
차오르는
살아있음의 아름다움

그저
매달려 있는 것보담
든든한
팔에 안겨
피와 물처럼
살고 싶어하는
주름살

타다 남은 촛불

나의 매일은
너의 혼신이 되어
어둠을 울며
아침새가 되고 싶었다

타다 남은 촛불

무(無)에 이르는 수행의 길목에서

1.

나의 빛이시고 보금자리이신 님이시어
머리를 삭발할 때마다 보이지 않는 부분들이
잘려 나가는 아픔을 느낍니다
그것은
성숙을 위한 내 아픔을 님께 드리는 노래이기 때문입니다

2.

시장에서 묻혀 온
내 이웃들의 진지한 생활들을 님께 공양했을 때
거기에서 얻는 환희의 기쁨
잘 다듬어진 자유인이었습니다

3.

가장 속깊은 곳에 계시는 님이시어
숱한 이야기가 날마다 살아 흐르는데 어쩌다 걸려오는
낯익은 목소리 아이처럼 가슴을 온통 젖어버리는
그리움으로 설레이게 합니다
내게 대한 님의 음성이 풋풋한 열정의 수레로 타고 오
실 때까지

참을성 있게 깊이 머리 숙여 기다리겠습니다

4.
모든 장식을 던져버리고
꾸밈이 없는 일상의 만남에서
성급하거나
느리거나
변명하거나
욕심을 내거나
남을 원망하거나
부탁을 거절하지 않는
님은
겨울을 숨쉬는 나무였습니다

5.
내 마음속 깊이 피어나시는 님이시어
동지날
불기운 하나 없는 냉방에서
소유의 잡다한 짐 때문에 열병을 앓았습니다
몇 밤을 앓은 내게
님께서는 그 어디에도 매이지 않는
슬픔과 기쁨의 법열로써
내 마음을 감동시켰습니다

6.
나를 포기하고 가까이 가고 싶은 님이시어
거리로 쏟아져 나오는
4월의 불빛은 마음의 뼈를 부수고 있습니다
저문날에 자주 사귀고 싶은 사람이 파란 젊음을 안고
분홍빛 연꽃을 보내왔습니다
그 속에는 님께 드릴 잘 길들여진 염주알이 있었습니다

7.
생명의 맑은 눈을 가지신 님이시어
탐욕의 언덕에서 헤매이는 미혹한 중생들에게
지혜의 돛대를 올릴 수 있는 새빛은 밝았습니다
님이 탄생한 날에
저마다 가지고 있는 꽉찬 소망들을
진실되게 기원하는 모습을 보면서
나는 늘 색깔이 좋은 아침의 손이 되고 싶습니다

8.
당신을 바라보매
그저 담담히 흐를 수 있는 것은
당신의 가슴은 언제나 따뜻하고 편안하며
그리고 나누어 사는 삶을 가리켜 주기 때문입니다.

9.
나의 온 세계이신 님이시어

한 줄의 탄탄한 시를 얻기 위해
아홉 줄의 시를 과감히 버릴 수 있는 용기를
당신으로부터 얻었습니다
그런 용기로
가는 길목마다 뒤돌아보며
사는 일이 허영이라고
아직은 말하고 싶지 않습니다

10.
품은 그리움이 내 가슴으로부터 솟아오르는 님이시어
아침 저녁으로 근엄한 목소리로 다가오신
초롱히 밝힌 당신의 등불 끝에
목놓아 울 수 있는 것은
당신은 사람의 마음을 근심으로부터
해방시켜 주기 때문입니다

11.
나의 마음을 비추어 주시는 님이시어
님의 곁에 있고저 법당 바닥이 닳아 부서져 나가도록
끝나지 않는 참회의 일과는 계속 됩니다
늘 님의 손 매듭 안에서 구슬 같은 슬기와 지혜를 배워
이웃들의 어지러운 생활, 말 없는 아름다운 일을
실천 수행하게 하소서

12.

빛의 기둥이신 님이시어
세상의 때에 절인 이 누추한 옷을 훨훨 벗어 던져 버리고
열 손가락 끝에 불 밝히는 한 자루 촛불이길 원합니다
나는 언제나 시작하는 마음으로
밝은 영원을 가진 님 앞에서는
이별을 거부하지 않는 사랑이고 싶습니다

13.

가슴의 문을 항상 열어 주시는 님이시어
내가 택한 사랑의 끝이 선연하게 보일 때
난 거듭나는 걸을 선택받고 싶어 합니다
소유의 근처에서 하나도 소유하지 못한 채
늘 맴돌다 뜨는 밤하늘의 달은 그지없이 밝습니다

14.

당신의 제단앞에
계절마다 잘 가꾸어 낸
향기로운 꽃들을 바치고 싶어
감추고 보류할 것 하나 없는 내 인생을
언제나 님 앞에서는 발가벗겨 놓습니다
그럴 때마다
당신이 웃는 그 담박한 웃음은
또 하나의 열매를 만들어 줍니다

15.
님이시어
밤마다 나를 부르는 개구리 소리의 메아리가
밤 논두렁 물을 건널 때 잠든 잠은 더 깊은 늪으로 빠져
듭니다
모든 소리가 조용해졌을 때
들판은 아침 햇볕에 갇혀있는
냄새를 싣고 일어 납니다

16.
늦저녁
당신의 문밖에서 비쳐오르는
꽃들은 지고 말았습니다
당신 앞에서 져버린 꽃은
한밤중에 더 많은 향기를 가지고
표현하지 않는 당신의 신성한 사랑앞에
당신을 아름답게 꾸며 줄 것입니다

17.
노래의 높낮이가
순간 순간을 체크하는 맥박처럼
숨지않고 하루의 이익을 가득 담아 옵니다
하루의 이익과 끊임없는 향로의 연기를 당신의
가슴에 쏟아 넣겠습니다
그리고는

따뜻한 당신의 얼굴을 보겠습니다

18.
감금된 몸과
감금된 마음 중 어느 하나를 선택하라고 하신다면
감금된 몸을 택하고 싶습니다
몸은 길고 짙은 고통에 시달려도
자유로운 마음이 있어
늘 당신의 눈앞에 설 수 있으니까요

19.
당신 생신날
별바람 속으로 푸른불 노란불 빨간불 등으로
온 산천은 그지없이 밝습니다
오셔도 오셔도 그 손길에
갈증을 느끼는 우리는 언제쯤 철이 들지요

20.
당신과 똑같은 최신형 최고급 자동차를 소유하고 있지만
그것 하나 제대로 운전하지 못해 늘 사고를 일으킵니다
비록 낡은 자동차라도 좋으니
운전을 잘하여 편안히 당신이 계시는 목적지에
도달할 수 있도록 그 방법을 이끌어 주소서

21.
님이시어
내 좁은 가슴에 파문치는
그 허황된 그림자 때문에 마음 뜨락이
비좁아지고 있습니다
'열심'이란 단어외
아무 것도 상기되지 않는 요즘
잡히는 책갈피마다
내 길을 덮어버리는 무게뿐입니다

23.
한치도 물러날 생각없이
발부둥치는 자신이 한없이 미운 날
님앞에 흐르는 내 눈물은 마르지 않습니다
상대가 나를 강압적으로 미움을 가해올 때 나는 그를
미워하지 않는 마음이길 간절히 바랍니다
그와 나는 크나큰 어우러짐으로 살아가는
동업중생이기에

24.
떨리는 가슴으로 당신을 목메이게 부릅니다
뒤늦게 알았습니다
이미 내 곁에서 당신의 그림자조차
거두어 갔다는 사실 말입니다

25.
가을 바람결에 한아름 코스모스를 안고
당신 문전까지 갔다가 되돌아 왔습니다
두드리는 문소리에 달려 나오는 당신의 모습을 바라
본다면
가지고 간 애쓴 그리움이 서러워 할까봐서요

26.
온갖 모욕과 욕설이 인간의 탈을 쓴 자들의 입으로
나올 때
진정 위대한 침묵은 심장 위로 솟아 오릅니다
약한 자의 비겁, 강한 자의 오만이 뒤섞인 아침
당신에게 머리 굽혀 스스로 얽매어 놓은
사슬을 끊고 두려움 없는 자유인이 되길
운명의 돛대를 꺾겠습니다

27.
자존심 따위는 뒹구는 낙엽처럼 되어버린지
오래 되었습니다
칼날같은 입속에서 쏟아져 나오는 언어의 선택이
목숨을 끊어 놓을 줄 누가 알았습니까
한바탕 지난간 폭풍우라 하기엔
회복하기 어려운 치명적인 일들입니다

28.

오시지도 않았습니다
가시지도 않았습니다
그냥 그대로 서있는데
나는 어느새
당신이 그어 놓은
금줄을 넘고 말았습니다

29.

당신과 함께 있을 때 듣던
그 감미로운 음악이 온통 구름으로 가려져
빛을 볼 수 없는 하늘을 향해 흐르고 있습니다
부질없는 소리라고 나무라시겠지만
마지막 남은 한 장의 달력 앞에
난 당신과의 끝없는 이별을 되뇌이었습니다
이것은 완성을 향해
다가서는 내 작은 독백이지만요

30.

칠흑 같은 한밤에
창살을 매섭게 때리는 소리가 있었습니다
깨어나 보니 그것은 한 줄기 지나는
바람이었습니다

31.
님을 섬기는 일에
게을러진 나를 무척이나 나무라던 친구가 떠났습니다
어디로 떠난지는 모르지만
뒷모습조차 보이지 않고 내 곁을 영 떠났습니다
어디로 갔느냐고 묻지도 않았습니다
함께 있을 때는 몰랐는데
떠난 그 빈자리가 너무나 커서
어느새
쓸쓸해 하는 습관이 생겨 버렸습니다

32.
가까운 인연인 줄 알고
아주 가까이로 다가가 보았습니다
그런데
내게 있어서는 아주 먼 인연이었습니다
그후 나는 한잠도 이루지 못한 새벽을
깬 채 자주 자주 맞이 했습니다

33.
무한한 선물들이 늘 내 곁에
머물러 있는데도 난 그걸 얻어내지 못하고
누가 채워주길 바랍니다
채워지지 않는다고 불평만 할 뿐이지
내 스스로 채워 보려고 하지 않습니다

왜냐면 나는 많은 타성에 젖어서
살고 있기 때문입니다

34.
내 생활 속에 길들린 그것들이 싫어질 때가 있습니다
그때는 몇날 몇일 먹지도 않고
자지도 않고 말도 하지 않습니다
깊숙이 자리한 나의 소리가 그리워서 말입니다

35.
인간 최악의 본능조차 녹여 내리고 싶어
당신앞에 머리 조아린 지가 20년이 되었습니다
동안 무엇을 했느냐고 물어보시면
어떻게 하나 걱정했는데
당신은 여전히 미소로만
나를 지켜봐 주십니다

꿈

당신이 계시는 산 언저리를
뒤돌아 오면서
다시는 만나지 말아야지
혼잣말로 내내 중얼거리며
당신이 계시는 산자락이
보이지 않는 듯 싶으면
왈칵 보고 싶음이 몰려오는
이 마음 때문에
나의
온몸은 식은 땀으로 젖어 있습니다
가까이 다가가도
더 멀리서 보이는 확인의 실마리
가지지 못함을 서러워 하는 것이 아니라
가짐을 서러워 하는 오늘
손금만큼 지워진
솟구치는 환희심을 얻기 위해
삭발을 합니다
대야속 물빛에 보이는
내 살아온 날의
상처를 치유하듯이 말입니다

주교리 사람들
―아홉살 짜리 미영이

다섯살 때 미영이는
부처님을 믿지 않고
하나님을 믿을 거라고
나에게 대항했는데
이제
아홉살이 되더니
스무살이 되면
스님이 될 거라고
나에게
부드럽게 다가선다
그러면서도
엄마품을 떨치지 못해
엄마 치마자락만
내내 잡고 다니는
뒷집 막내딸 미영이
내 앞에서는
고개를 들지 못하는
아이인데
동네에서는

미영이를 판사라고 부른다

주교리 사람들
—빨간 기와집 할아버지

칠순이 훨씬 넘으신 할아버지는
빨간 기와집에서 사신다
할머니는 저 세상에 계시지만
속친구가 미국에 살아있어
내내 그리워 하며 사신다
나이는 잊으시고
친구를 열열히 그리워 하며
하루가 멀다하고 미국으로 편지 보낸다
미국에서 편지가 오는 날
할아버지는
그 소박한 사랑이
자랑하고 싶어
읽어달라고 하신다
눈 감을 때까지
오지도 보지도 못할
그 속친구에게
물러남이 없이 보내는
그리움을 가지신
할아버지는

참 부자이시다

부끄럽지 않은 원

사랑을
사랑할 줄 아는
사람이고 싶다

외로울 때
외로움을 참지 않고
외로워 할 줄 아는
사람이고 싶다

변하는 자리에서
변함을
담담히 받아들이는
그런 사람이고 싶다

가는 길
눈물 끝이 보여도
두손으로
가리지 않는
사람이고 싶다

문을 열면

문을 열면
그 긴
텅빈 시간이
움추리고 있다

시간은
혼자서도
잘도 가는데
잠재된
영혼의 혼백은
온데 간데 없이
익은 습관만이
나뒹굴고 있다

문을 열면
그 긴
이승과 저승을
연결하는
긴
사다리가

놓여져 있다

삶의 방향이
엉망이라도
더듬거리며
살겠노라는
표정은
선택의 여부를
묻는다

문을 열면
어디로
떠나는 사람만이
이별 연습으로
줄지어 있다

성주사지* 가는 길

성주면 소재지에 잠깐 눈을 멈추고
이정표를 보니 부여 가는 길 먹방 가는 길이라
적혀있어 동방의 보살 무염선사가 어디메서
정진을 하셨는지 한참이나 더듬어 갔다
이제사 고을 원님 작은 깨달음을 얻으셨는지
아니면 신라시대 九山禪祖 중 한 분이
이 지역에 계셨던 소중함을 아셨는지
먹방가는 길 없어지고 성주사지 2km라는
이정표가 눈을 뜨고 있으면 눈앞에 들어온다
그 길 따라 성주사지에 이르면 그 옛날 옛적
눈푸른 내 도반들 話두깨쳐 나가는 소리가
온산을 에워가고 있음을 듣고 싶지 않아도
들리는데 세상 향락에 물든 어리석음들은
이제 그것을 읽어가는지 뒤늦게 발굴에
발굴로 자리를 덮으려고 한다

---

* 신라가 삼국을 통일한 뒤 불교가 함참 성할 때에 큰스님들이 중국에
가서 달마의 선법을 받아가지고 돌아와 종풍을 크게 드날렸다. 이때
선불교를 퍼뜨린 전국의 아홉 군데의 사찰을 구산선문이라 한다. 그
중 하나가 이 성주사로서 현재는 충남 보령군 성주면 성주리에 그
터만이 남아있다.

깨어나거라 어리석음들아
몇 점 유물을 얻었다고 큰 것을 얻은 양
떠들어대며 위안을 삼지말고

빛의 詩를 깁는 작업
─淨雲스님의 詩心과 그 세계

시인 鄭孔采

꽃다운 21세의 처녀시절에 출가하여 佛門에 귀의한 比丘尼 淨雲스님은 올해로 만 20년을 넘게 佛道에 정진하고 있는 功德主이다. 아울러 그의 佛心은 빛과 같은 詩心으로도 等式을 이루어, 이러한 관계는 거의 무조건적인 心因마냥 恒等式으로 성립돼 있음을 曆然하게 알 수가 있게 해주고 있다.

그래서 스님이면서 시인으로 살아가는 淨雲 님은 1990년에 문예지 『문학공간』의 신인문학상 제도를 통해 새로운 시인으로 문단에 나선 여류시인이기도 하고, 같은 해에 처녀시집 『가슴으로 사는 사람』을 역시 문학공간사 발행으로 간행하기도 했었다.

현재 충남 보령군의 '世願寺' 주지스님으로 있는 시인 淨雲님은 그의 시 '달롱재'에서 "어떤/시인이 살고 있는/달롱재에서 보는/달은/여의주를/품안 가득 품고/ 구름을 유희하며/어려운/고삐를/

서로서로 확인한다”라고 達觀된 佛心으로 보는 詩境을 펼쳐내고
있으며, ‘검생이 시인 출판기념’이란 시에서는 “언어의 절간/가운
데/골조를 세우는/뼈대있는 작업/두고두고/앓았을 진통의 늪에서
/어쩜/그리도 투명한/노래들이/너울너울/춤출까”라고 詩作과 그
진통 다음의 환희를 새삼 확인하고도 있는 것이다. 곧, 이같은 시의
세계는 자연과 인생을 위주로 한 모든 사물을 두고 일어나는 빛나
는 정서와 명징한 사상, 다함 없는 가치를 지닌 상상력의 美的 예술
을 영역으로 해서 언어로 표현하고 있다. 그래서 詩라고 하는 語源
자체부터가 과학에 상대한 창조적인 상상문학으로 일컬어지기도 하
는데, 앞의 두 작품의 引用詩句에서부터 淨雲시인의 순후한 詩心과
아름다운 정신사상, 그리고 구름에게로까지 펼치는 자유로운 상상력
을 능히 짚어 볼 수가 있는 것이다.

두 날개에 덮인
한 마리 학
달 보고
한 생각

무지개 사이
우뚝 솟아버린
섬
소리
바다
달

일어난
바다 곁에

피어 오르는

한 송이 연꽃

─ 시「달을 보는 섬─간월도」의 전문

비록 짧은 시에 지나지 않자만 이 시작품에서 그려내고 있는 고운 정서와 상상력이 응집시켜 낸 관계의 세계는 얼마나 鮮然하고도 아름다운 心象을 세워주고 있는가. 언어를 매우 절약하고서도 그 정서와 상상의 영역을 深度 깊게 압축하고 迎入해 들이는 시심의 發露는 훌륭하도록 성공해 있다고 할 것이다.

"모든 문학이 정서와 상상을 기본적인 요소로 삼고 있지만 특히 시에서는 두드러진다. 정서는 純化된 인간의 감정이며 문학을 예술답게 해주는 기능을 지닌다. 또한 상상은 예술의 무한한 세계를 확대하면서 창조적 기능을 다한다. 허드슨(Hudson)은 '詩的'이라 할 때 우리는 정서적이고 상상적인 것으로 이해한다고 말하면서, 시는 상상과 감정을 통한 생명의 해석이라는 정의를 내리고 있다. 詩文學에 있어서 이 정서나 감정이 차지하는 비중은 절대적이라 해도 과언이 아니다. 상상력에 의한 이미지의 창조는 곧 시의 본질을 밝혀주는 것이다. 趙芝薰도 『詩의 原理』에서 시적 진실은 먼저 예술가치로서 정서적 감동이다. 감성으로서 받아들이고 감성으로 표현하며 감성에 자극하는 것이 詩의 正統的 本質이다라고 하였다. 예이츠(W.B. Yeats)는 우리 내부에 어떤 영혼적인 힘을 불러 일으키는 그 靈的이 우리 심장 위에 남기는 발자취를 정서라고 하였다.

정서(emotion)의 어원은 운반하다(move away)에 있다. 운반의 목적지는 물론 自我다. 사람이 모든 食物을 소화해서 자신의 피와 살로 만드는 것과 마찬가지로, 환경에서 들어오는 모든 체험의 요소들을 同化해서 자신의 생명 영위에 이바지한다. 이와 같이 환경을 운반하고 동화하는 것이 정서를 움직이는 힘이며 응고시키는 힘이다. 정서는 적합한 것을 선택하고, 선택한 것을 물감으로 물들이고, 그렇게 함으로써 외면적으로는 서로 相反되는 재료들에 질적인 동일성을 주게 된다. 이리하여 정서는 통일체로서의 체험이 다양한 부분들에 통일을 주며, 또 그 부분들을 통하여 통일을 이룩한다.

　정서가 문학의 근복적 요소요, 시의 특성인 것과 같이 상상은 시의 창조성을 더해주는 요소이다. 상상은 이미지를 형성하고 문학의 독창성을 만들어 주는 것이다. 그러나 상상은 無에서 有를 만들어 내는 것은 아니다. 시인의 상상은 無에서 有를 창조하는 神의 능력을 연상시킨다고 해서 神通力(divine power)이라 불리어 왔지만, 그것은 比喩的인 말에 지나지 않는다.

　시인의 상상은 체험의 소재들을 결합해서 새 물건을 만들어 낸다는 의미에서 창조적이지 결코 無에서 有를 탄생시킨다는, 시인이 과거의 체험이 없이 상상적으로 쓸 수 있다는 것을 의미하지는 않는다. 그러나 상상은 독립된 마음의 기능이 아니고, 情緖나 知性이나 그밖의 여러 가지 요소와 有機的으로 종합된 체험의 樣相이라는 것이다."

— 「정서와 상상의 세계」

"문학에서 形象化, 具象化란 말을 많이 사용한다. 사실 작품의 창작이란 이 形象化란 말에 內包된 것이라고도 할 수 있다. 형상화의 비밀이나 기술을 체득한다면 그는 충분히 예술가가 될 수 있는 것이다.

　형상화란 내면의 형태적 표현이다. 일정한 형태를 갖준다는 것은 물론 표면적인 모양만이 아니라, 내용과 調和된 형식이어야 할 것이다. 그런 의미에서 내용과 형식의 구분이 무의미할 수도 있겠지만, 그러나 한 篇의 시를 제작함에 있어 전체의 길이, 行과 聯, 이미지의 配列 등을 고려하지 않을 수는 없는 일이다.

시는 압축된 形式美를 갖추어야 하는 문학이다. 시는 내용과 형식이 일치되어야 하는 문학으로, 전체적 시의 형태가 압축(tighten up)되고 集中(concentration)되고 凝結(condensation)되고 統一(unity)되어야 하는 것이다.

흔히 소설의 형태가 자유롭고 산만한 반면, 시의 構造는 엄격하게 꽉 짜여져야 한다는 말을 하는 것도 곧 시가 집중적인 형태미를 지녀야 하기 때문이다. 이 말은 定型詩는 물론 自由詩나 심지어 散文詩의 경우에도 例外가 허락되지 않는 시의 근본적인 특질이다. 短詩는 말할 것도 없고 長詩의 경우에도 집중적이고 압축된 시의 구조와 形態美를 필요로 한다. 물론 내용이 돋보일 수도 있겠지만, 원칙으로 말하자면 이것들이 압축된 속에 조화되고 통일되어 있어야 하는 것이다.

예술의 내용과 형태를 二元論的으로 생각한 때가 있었다. 그러나 오늘의 詩學은 내용과 형식은 구분될 수 없는 동일한 구조로 보는 것이다. 삶의 표현방식으로서의 구조는 구조 그 자체가 삶의 내용이라는 뜻이다. 따라서 시의 장르는 보다 압축되고 긴장된 언어형식으로 삶을 표현하는 예술적 제도가 되는 것이다."

— 「압축된 삶의 構造」

이상 長文의 인용 ―「정서와 상상의 세계」와 「압축된 삶의 構造」는 시인이며 문학박사인 洪文杓 교수가 낸 그의 力作 『現代詩學』에서 옮긴 글인데, 정서와 상상의 세계가 시의 특성으로 창조성을 일으켜 세우고, 나아가 압축되고 긴장된 언어세계의 구조와 형태미가 곧바로 예술로서의 시로 구성됨을 명확하게 記述해 놓고 있

다. 그리고 內在律의 조화를 중시하는 산문시에 있어서도 집중적인
형태미를 떠날 수 없음도 강조되어 있다.

　이어 그는 詩의 에스프리(esprit) 곧 詩精神을 두고서 "시정신이
시의 형태를 결정짓는 것이지 결코 시의 형태가 시정신을 결정할
수는 없는 일이다." 그리고 다시 이어서 "시의 내용을 이루게 되는
것은 일종의 앙양된 심리상태, 곧 어떤 시적 감동이라는 것이 많은
詩論家들의 일치된 견해이다. 발레리(Valéry.P.A)는 이러한 심리
상태는 어떤 특별한 宇宙感覺과 결부되어 있다고 하였다. 즉 우리
를 압도하는 듯한 자연의 어떤 광경, 석양이나 달빛이나 산림, 바다
등은 때를 따라 우리를 크게 감동시키며, 사람의 괴로움이나 죽음
에 대한 想念도 우리에게 커다란 충격을 주는 원인이 된다. 때문에
이러한 종류의 감동은 다른 감동과 달라서 美의 세계를 형성하려는
원인이 된다. 그리하여 이 우주감각의 영역에서는 어떤 황홀경을
이루고 서로 共感을 느끼게 되는데, 이러한 심리상태를 가리켜 그
는 시적 감동이라고 하였다. 발레리는 이러한 심리상태를 어떤 久
遠의 세계에 접하는 감동으로 간추한 것이다."

　洪文杓 시인의 위와 같은 견해는 바로 필자에게도 깊이 와 닿는
詩論으로 全的으로 긍정해 마지 않는데, 淨雲 스님시인의 詩心이나
그 詩精神이 形象한 시작품들에서도 이러한 有機性이 뚜렷이 드러
나고 있다.

　곁에 있어도
　허기진
　마음의 양식에
　도움이 되지 않는
　아우성

터널 밖을
가로지르며
고개 고개를
넘나든다

바라다 볼 수 없는 곳에
이르러
산을
삼키고
또 삼키는
노을은
풀풀 날리어 구름이 된다

그리운 죄
어디에서
참회하려고
자꾸만 멀리 멀리로만
달려간다

— 시 「열차」의 전문

　　시인이 지니고 있는 정서와 감흥, 상상력과 사상은 달리는 열차를 보고서도 事象의 세계를 有關하게 형상짓고 있다. 자연의 景觀을 漸層的으로 집중시켜 산을 삼킨 노을이 풀풀 날리어 구름이 되는 心象으로 세워 놓는가 하면, 인생의 죄와 그 참회를 두고 열차가 달리고 있는 형태로까지 詩化해 놓고 있는 것이다. 곧 전체적인 시

의 형태가 압축되고 응결되고 집중되어서 '열차'라는 하나의 사물에
통일성을 부여하고 있는가 하면, 이 시인의 상상력이 불러 일으킨
聯想의 세계는 자연과 인생의 사연마저도 列車와 同行시켜 함께 실
어가고 있는 것이다.

파 헤친
흙더미를
잠 재우기 위해
골골이 줄을 치며
잔디를 심고

나는
그 위로
항하사(恒河沙) 모래를 뿌린다
이른 봄날
그것도 비가 오는 날
복합비료
휘휘 뿌려주고
한 눈 돌리고 나면

클로버 뿌리
극성을 떠는 바람에
그것과
내내 신음하면서
보내는
내 정다운 기쁨

— 시 「나의 뜨락」의 전문

‘잔디를 기르면서’라는 副題가 달린 시「나의 뜨락」에서도 보면, 제1련의 平敍的인 듯한 시의 내용에서도 “파 헤친 흙더미를 잠재우기 위해”라고 하는 긴장된 詩的 분위기를 前提해 놓고서 어떤 조화의 詩行으로 받침을 삼고 있다. 여기에 이 시인은 자연의 현상으로 있는 ‘恒河沙—갠지스 江의 모래’를 끌어들이는 상상적인 修辭를 써서 시어의 함축성을 아름답게 박는가 하면, ‘복합비료’와 같은 用語도 현실적인 긴장으로 연결시켜 이것을 비가 오는 날 휘휘 뿌려주고 ‘한 눈 돌리고 나면’이라고 팽팽하게 이어가게 만든다. 더욱이 마지막 聯에 가서는 “내내 신음하면서 보내는 내 정다운 기쁨”이라는 긴장된 압축과 응결되고 통일된 轉位로서의 ‘나의 뜨락’을 心象으로 세우고 있다.

시인의 情調와 感興이 한 對象에서 다른 대상으로 전위해 가면서 결국은 주제를 향해 집중되고 自我, 곧 시적인 話者로 응결되어 통일을 이루는「나의 뜨락」에는 함축적 이데아(idea)로서의 ‘신음’과 ‘기쁨’이 마지막까지 相衝하면서 긴장된 언어의 꽃이 되어 피어 있음을 환하게 보게 되는 것이다. 이와 같은 ‘열차’ 등 사물을 대상으로 말하는 언어를 현대의 논리학에서는 ‘대상언어(對象言語)’ 곧 ‘objective language’라 하고, 또 “내내 신음하면서 보내는 내 정다운 기쁨”과 같은 話者가 대화식으로 발현시키는 말을 집약시킬 때 이를 ‘메타 랭귀지(meta language)’라고 하였다. 그래서 독자가 문학작품을 받아들이고 해석하는 행위는 일종의 비평행위와도 상통한다. 비평행위의 경우, 언어의 集積體인 작품에 대한 비평은 말에 대한 말의 행위에 해당된다. 이는 ‘메타 랭귀지’의 활동이 되면서 ‘대상언어’에 대한 상상세계의 가설을 통한 의미의 재구성으로 통일되기도 하는 것이다.

“서걱대는 갈잎바람/가르는 요란한 물/그것조차 거슬러 올라가

는/백마강 곰나루터/세 사람의 웃음소리/곰나루터의 전설을 잠시
잊게 한다//사십에 가까운 사나이는/인생을 곡마단이라 했고/오십
에 가까운 사나이는/인생을 황혼들판에/우뚝 서 있는 허수아비라
했으며/푸른 산문(山門)/머리카락 보일까/꼭꼭 숨어사는 사나이는
/텅 비고 꽉 찬 공간을/벗어난 것이 인생이라 했다//곰나루터에서
/도도히 흐르는/강물보다 더 맑은/호계삼소가/넓은하늘을 오른다"

— 시「곰나루터에서」 전문

"바다꽃 향기/희뿌연/달빛/가파르게 비추는/물 푸른 소리/끝없
는 입맞춤"

— 시「파도」 전문

　인생과 자연을 결부시켜 話術的으로 그 의미를 펼치고 있는 시
「곰나루터에서」와 사물의 이미지를 맑게 組立하면서 '입맞춤'으로
比喩해 드는 短詩「파도」에서 淨雲 스님시인의 '메타 언어세계'와
'대상 언어세계'의 두 가지 시의 境地가 확연하게 드러나 보이고 있다.
여기에서 우리는 시가 본디 추상화의 의미를 전달한다는 내용과,
전달방법에 있어서는 추상적이 아니라 구체적인 특수한 시어의 文
脈化로 이루어지는 것임을 뚜렷하게 알 수가 있다. 곧 이것은 감각
적으로 재생이 가능한 관념과 존재가 되는 새로운 이미지의 탄생인
것이다. 아울러 이미지가 참된 心象으로 성립하기 위해서는 한 편
의 작품에서 쓰여지고 있는 그 관념이나 존재가 독자에 의해서 파
악되어야 한다. 그리고 관념과 존재의 세계가 再文脈化된 작품 속
에서 새로운 의미로서 충실하고, 빛나게 反映되게끔 살아 있어야
한다.
　이상 몇 가지 관점으로 보아서도 淨雲스님ー이 여류시인은 반짝

139

대는 빛살 속의 눈부시고도 화안한 서정세계의 시작품을 맑고 정다운 詩心으로, 또 佛心으로 깁어내고 있는 독특하고도 든든한 시인으로 믿어지기만 한다.

佛道에서의 깊은 精進과 더불어 詩道에서의 文藻도 거듭 빛나시길 삼가 祝願드린다.

(甲戌年 正月 記)

불광승려시선 3

달을 보는 섬

첫판 찍음 —— 1994년 3월 25일
첫판 펴냄 —— 1994년 3월 30일

지 은 이 —— 정운
펴 낸 이 —— 고병완

펴 낸 곳 —— 불광출판부
138-190 서울 송파구 석촌동 157-2
대표전화 (02) 420-3200 · 3300
팩시밀리 (02) 420-3400

등 록 일 —— 1979년 10월 10일
등록번호 —— 제1-183호

◉ 잘못된 책은 바꾸어 드립니다.

값 3,500원